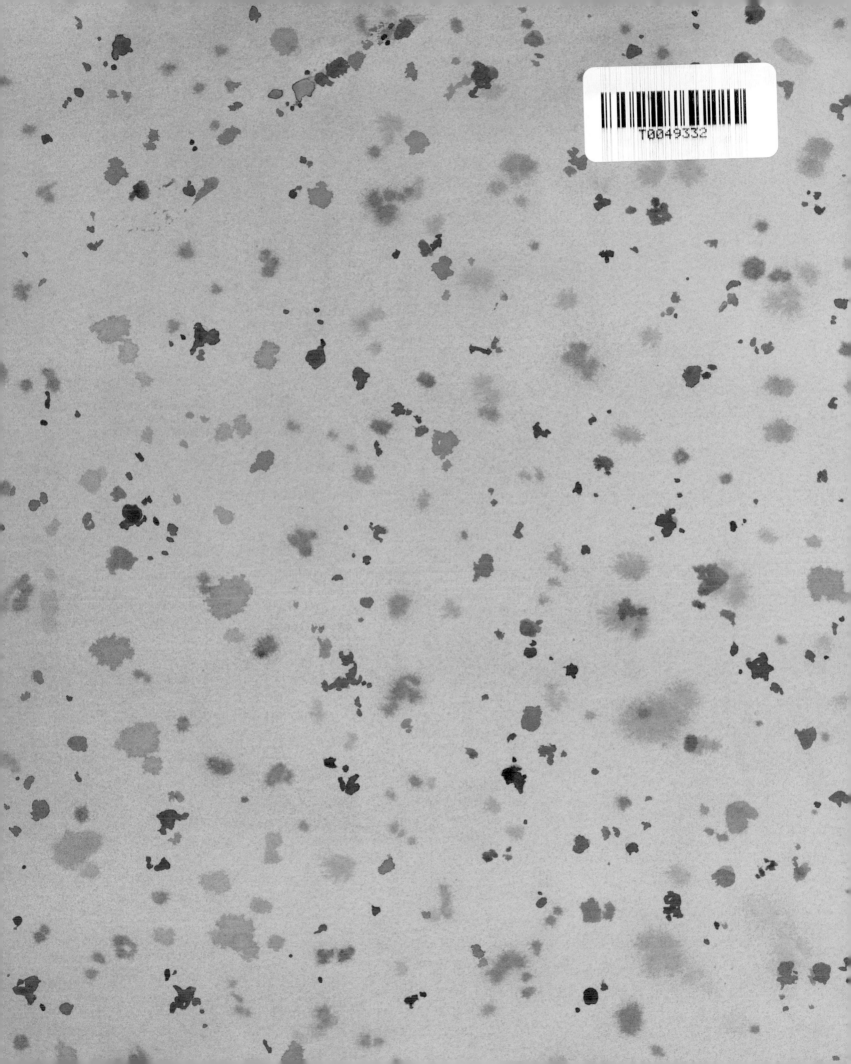

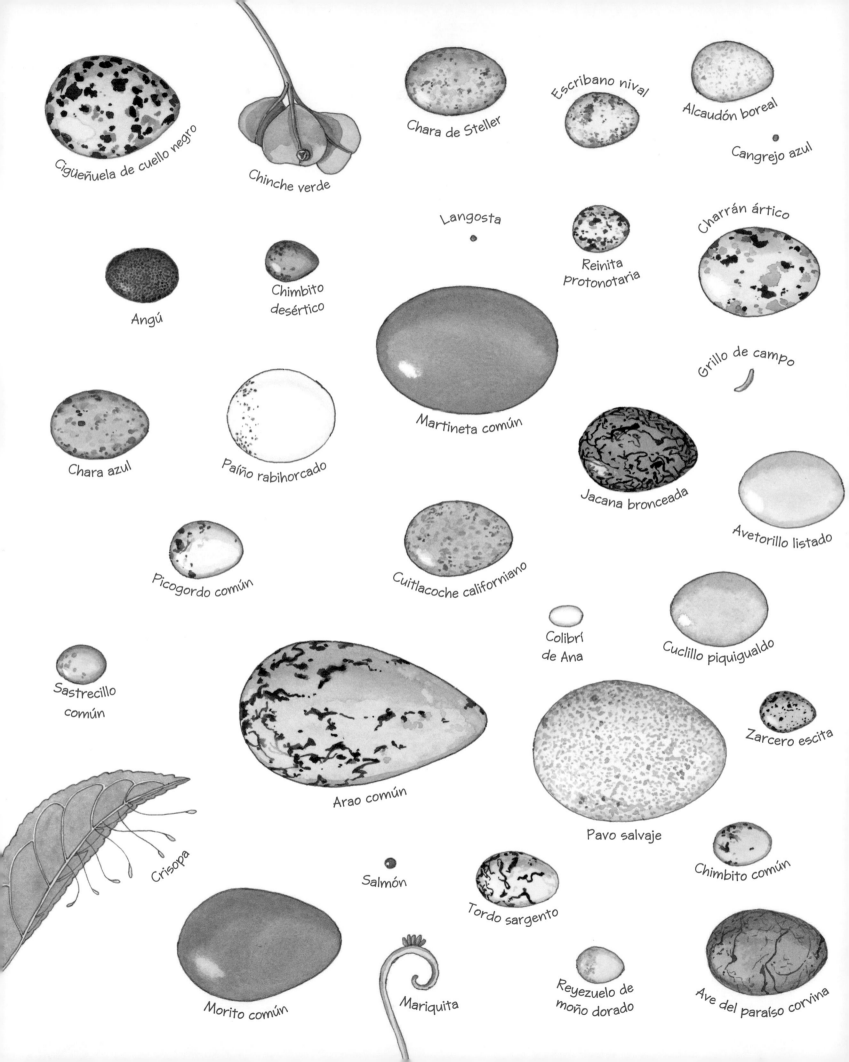

Cigüeñuela de cuello negro

Chinche verde

Chara de Steller

Escribano nival

Alcaudón boreal

Cangrejo azul

Langosta

Reinita protonotaria

Charrán ártico

Angú

Chimbito desértico

Grillo de campo

Chara azul

Paíño rabihorcado

Martineta común

Jacana bronceada

Avetorillo listado

Picogordo común

Cuitlacoche californiano

Colibrí de Ana

Cuclillo piquigualdo

Sastrecillo común

Arao común

Zarcero escita

Crisopa

Pavo salvaje

Chimbito común

Salmón

Tordo sargento

Morito común

Mariquita

Reyezuelo de moño dorado

Ave del paraíso corvina

Cucarachero desértico

Zanate marismeño

Piranga escarlata

Rana leopardo

Gaviota argéntea europea

Solitario norteño

Chinche arlequín

Piranga bermeja

Picogordo vespertino

Reinita de Kirtland

Pingüino emperador

Mariposa pasionaria motas blancas

Zopilote común

Garceta azul

Alián

Perdiz chúcar

Carricero picogordo

Charrán sombrío

Ave del paraíso festoneada

Chara centroamericana

Pájaro gato gris

Escribano cerillo

Mirlo americano

Iguana común

Oropéndola china

Saltamontes hoja

Huevo de mariposa cola de golondrina

A mi madre, Candy Champion Hutts, que me incubó. D. A.

¡Bienvenido sea el nuevo polluelo de la familia Long!
Tu abuela Long te quiere mucho y me encantará ver cómo descubres
las maravillas naturales de este mundo. S. L.

La autora y la ilustradora quieren expresar su agradecimiento a Frankie D. Jackson
y al Dr. Jack Horner, del Departamento de Ciencias de la Tierra, de la Universidad Pública
de Montana; a Blake Newton, de la Universidad de Kentucky; a Pauline Tom, fundadora y
presidenta de la Texas Bluebird Society; a Martha Tacha, bióloga especialista en fauna,
y a Fred Bervoets.

Título original: *An Egg is Quiet*
© Del texto: Dianna Hutts Aston, 2006
© De las ilustraciones: Sylvia Long, 2006
Edición original publicada por Chronicle Books LLC, San Francisco, California.
Diseño de Sara Gillingham.
Las ilustraciones de este libro se han realizado en tinta y acuarela.

© De esta traducción: Susana Tornero Brugués, 2021
© De esta edición: Editorial entreDos S.L., 2021
Passeig de s'Abanell, 21
17300 Blanes (Girona)
info@editorialentredos.com
www@editorialentredos.com

Diseño y maquetación: Grafime Serveis Editorials
Corrección: Laura Vaqué Sugrañes
Primera edición: marzo 2022
ISBN: 978-84-18900-20-4
Depósito legal: GI 73-2022

Impreso por GRAFO S.A.

Impreso en España

Con el apoyo de: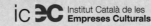

Mariposa cola de golondrina

Un huevo es silencioso

Dianna Hutts Aston - ilustraciones de Sylvia Long

Traducción: Susana Tornero Brugués

entreDos

Cigüeñuela de cuello negro

Un huevo es silencioso.

Se queda ahí,

bajo las plumas

de su madre...

Colibrí de Ana

encima
de los pies
de su padre...

Pingüino emperador

Tortuga bastarda

enterrado
bajo la arena.

Calentito. Confortable.

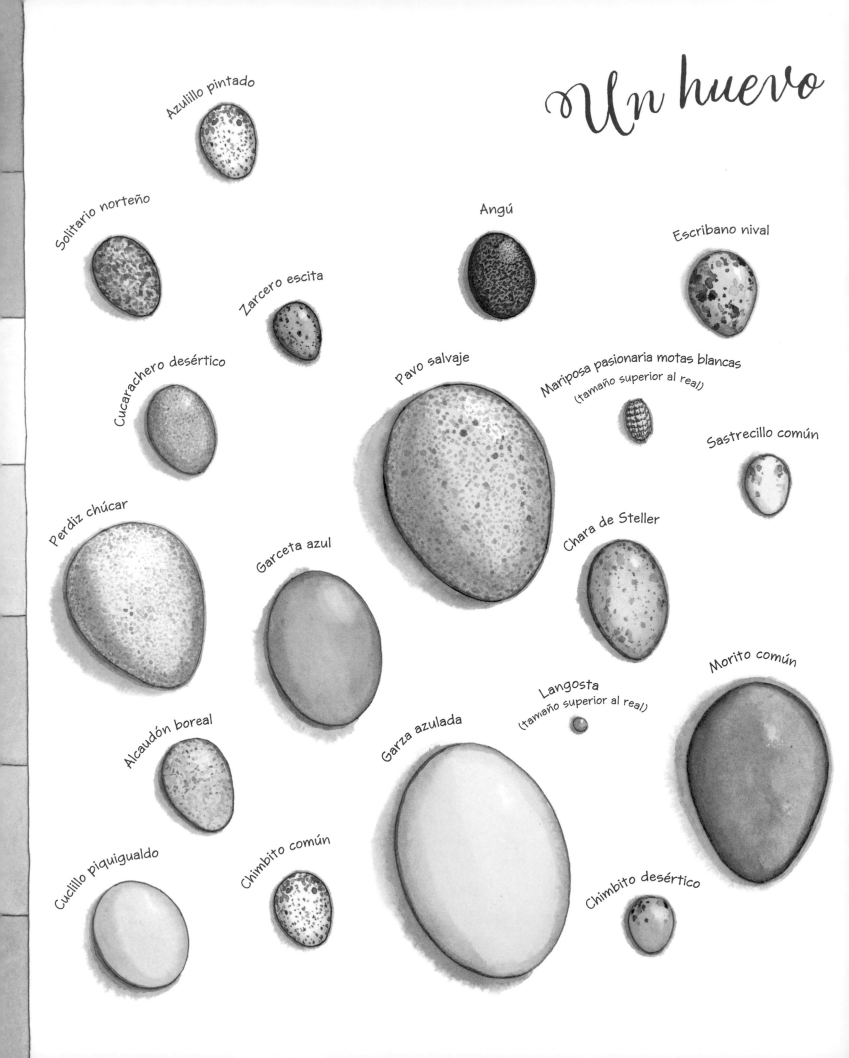

Un huevo

Azulillo pintado

Solitario norteño

Angú

Escribano nival

Zarcero escita

Cucarachero desértico

Pavo salvaje

Mariposa pasionaria motas blancas
(tamaño superior al real)

Sastrecillo común

Perdiz chúcar

Garceta azul

Chara de Steller

Morito común

Alcaudón boreal

Langosta
(tamaño superior al real)

Garza azulada

Cuclillo piquigualdo

Chimbito común

Chimbito desértico

es colorido.

Oropéndola china

Salmón real

Chara centroamericana

Paíño rabihorcado

Reinita protonotaria

Carricero picogordo

Cangrejo azul

Reinita de Kirtland

Avetorillo listado

Gaviota argéntea europea

Grillo de campo

Reyezuelo de moño dorado

Chara azul

Picogordo común

Martineta común

Mirlo americano

Piranga bermeja

Pájaro gato gris

Cuitlacoche californiano

Un huevo

Hay huevos redondos.

Tortuga bastarda

Las tortugas bastardas cavan un agujero en la arena con sus aletas y ponen hasta 200 huevos blandos y redondos. Los huevos redondos se adaptan bien a espacios reducidos.

Hay huevos ovalados.

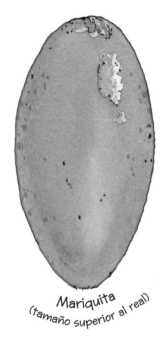

Mariquita
(tamaño superior al real)

Cuando las mariquitas salen del cascarón como larvas, su primera comida a menudo es el huevo del que han salido.

es curvilíneo.

Incluso hay huevos tubulares.

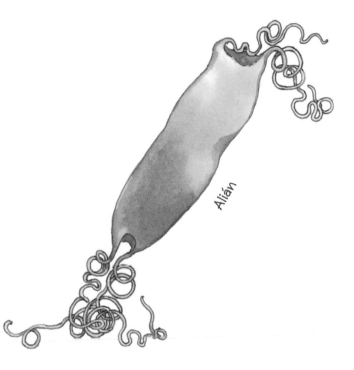

Alián

Hay huevos puntiagudos.

Arao común

Aunque la mayoría de tiburones paren
sus crías, algunos tiburones, como
el alián, empiezan la vida en una cáscara
de huevo coriácea y con zarcillos.
Los zarcillos sujetan los huevos a
las algas marinas para que no los arrastre
la corriente oceánica.

Los huevos de pájaros marinos tienen
un extremo puntiagudo: si los ponen
en salientes rocosos, ruedan en pequeños
círculos sobre sí mismos y no caen
del acantilado.

Los dibujos de algunos huevos les sirven
para integrarse en el paisaje. Esto se llama
camuflaje. El camuflaje es su modo
de esconderse.

Un huevo

Charrán sombrío.

es listo.

Un huevo puede ser moteado para
parecerse a las rocas que lo rodean.
O puede ser gris: el color del lodo
en un lago. Un huevo no quiere que se
lo coma un mapache, una serpiente,
un zorro o un insecto.

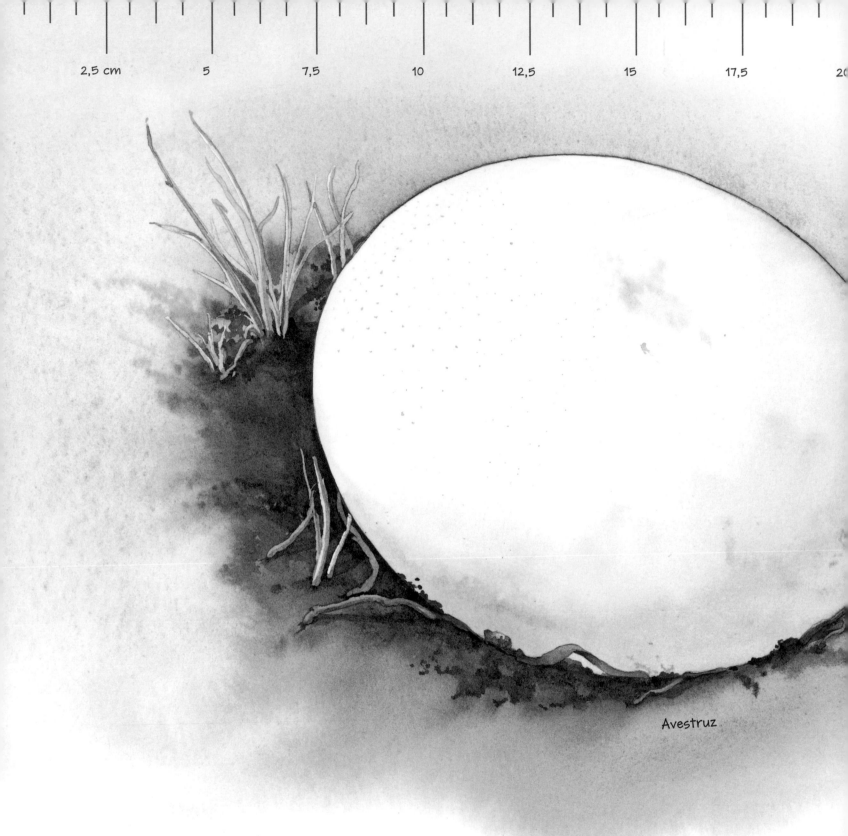

Avestruz

Un huevo de avestruz puede pesar hasta 3,5 kilos.
Es tan grande y redondo que necesitas ambas manos
para sujetarlo.

Hay huevos de diferentes tamaños.

Colibrí de Ana

Los huevos de colibrí son del tamaño
de una gominola. Se necesitarían unos 2.000 huevos de colibrí
para igualar el tamaño de un huevo de avestruz.

Ave del paraíso corvina

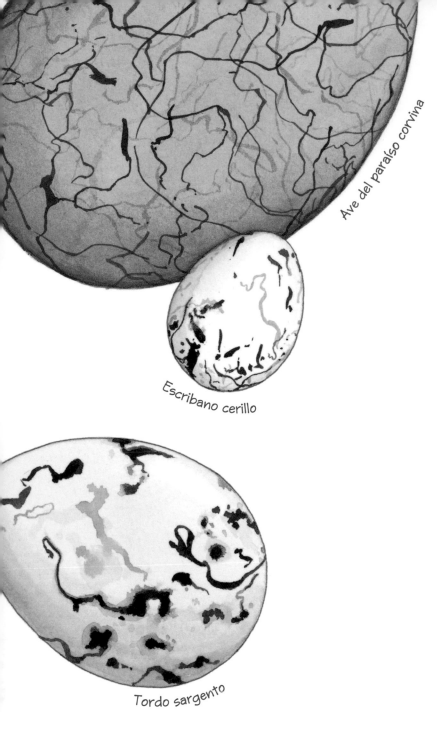

Escribano cerillo

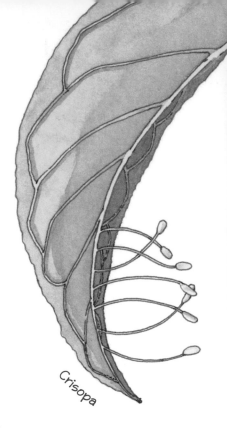

Crisopa

Tordo sargento

Un huevo

Salmón

Piranga escarlata

Jacana bronceada

Ave del paraíso festoneada

Charrán ártico

Picogordo vespertino

Charrán sombrío

es artístico.

Saltamontes hoja

Chinche arlequín

Todos los huevos de esta página aparecen
en un tamaño superior al real.

Un huevo

Hay huevos duros

Zanate marismeño

Los huevos de pájaro son duros.

y huevos blandos

Iguana común

Los huevos de reptil suelen ser blandos y gomosos.

y huevos viscosos.

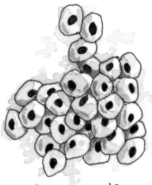

Rana leopardo

Los huevos de los anfibios son viscosos. La viscosidad impide que se sequen.

tiene textura.

y huevos rugosos.

Hay huevos suaves

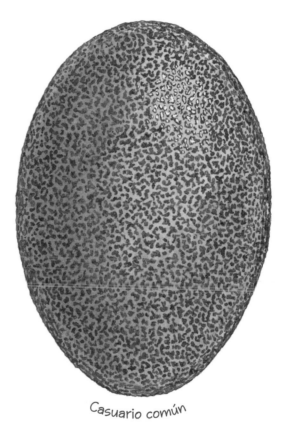

Casuario común

Zopilote común

La mayoría de los huevos
de pájaro son suaves.

Los huevos de los casuarios,
los emús y los cormoranes
son rugosos.

Un huevo es generoso.

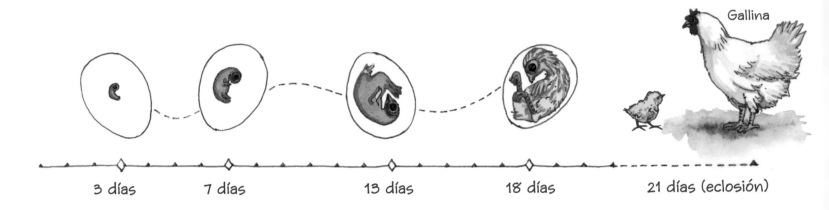

3 días   7 días   13 días   18 días   21 días (eclosión)

Gallina

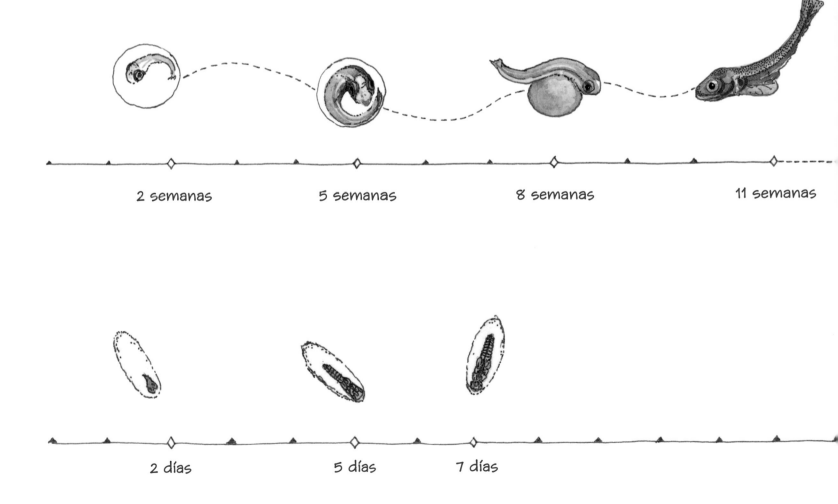

2 semanas   5 semanas   8 semanas   11 semanas

2 días   5 días   7 días

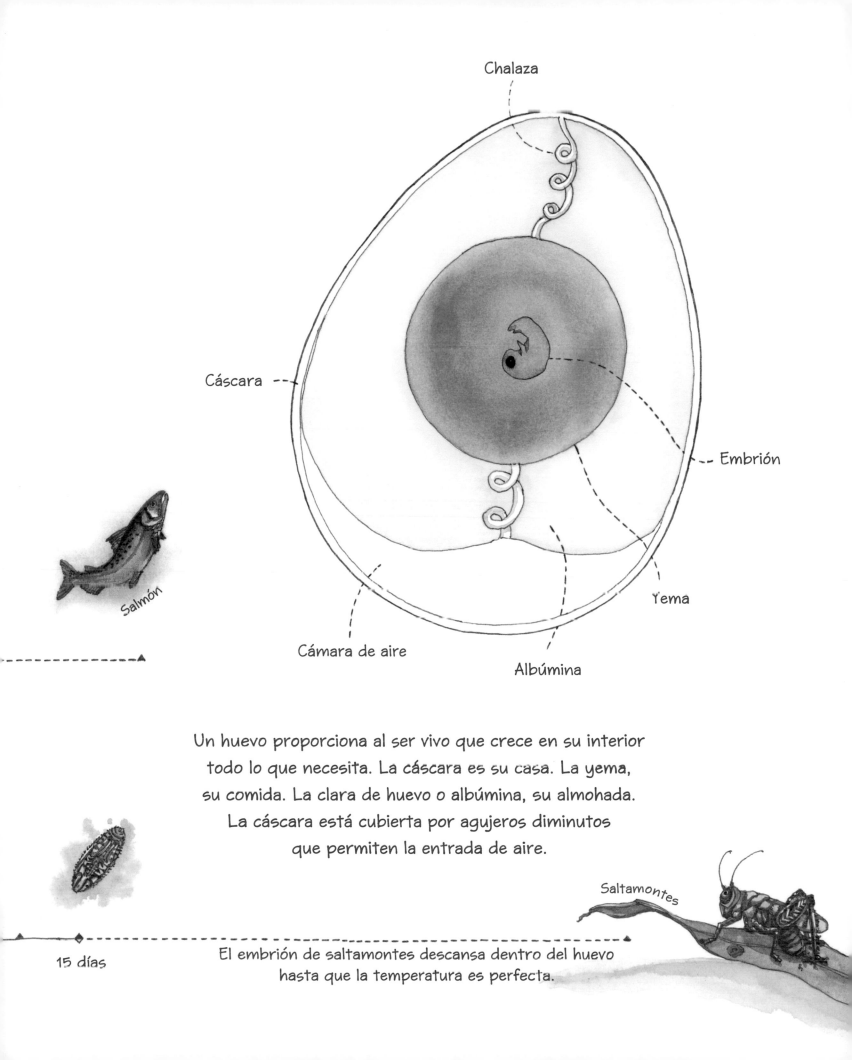

Chalaza

Cáscara

Embrión

Yema

Cámara de aire

Albúmina

Salmón

Un huevo proporciona al ser vivo que crece en su interior
todo lo que necesita. La cáscara es su casa. La yema,
su comida. La clara de huevo o albúmina, su almohada.
La cáscara está cubierta por agujeros diminutos
que permiten la entrada de aire.

Saltamontes

15 días

El embrión de saltamontes descansa dentro del huevo
hasta que la temperatura es perfecta.

Un huevo es

silencioso. Y luego, de pronto…

Cigüeñuela de cuello negro

¡Un huevo

¡cras!

Chinche verde

¡pío!

¡pip!

Polluelos de cigüeñuela de cuello negro

es ruidoso!

¡cras!

¡pío!

¡pip!

Oruga de la pasionaria motas blancas

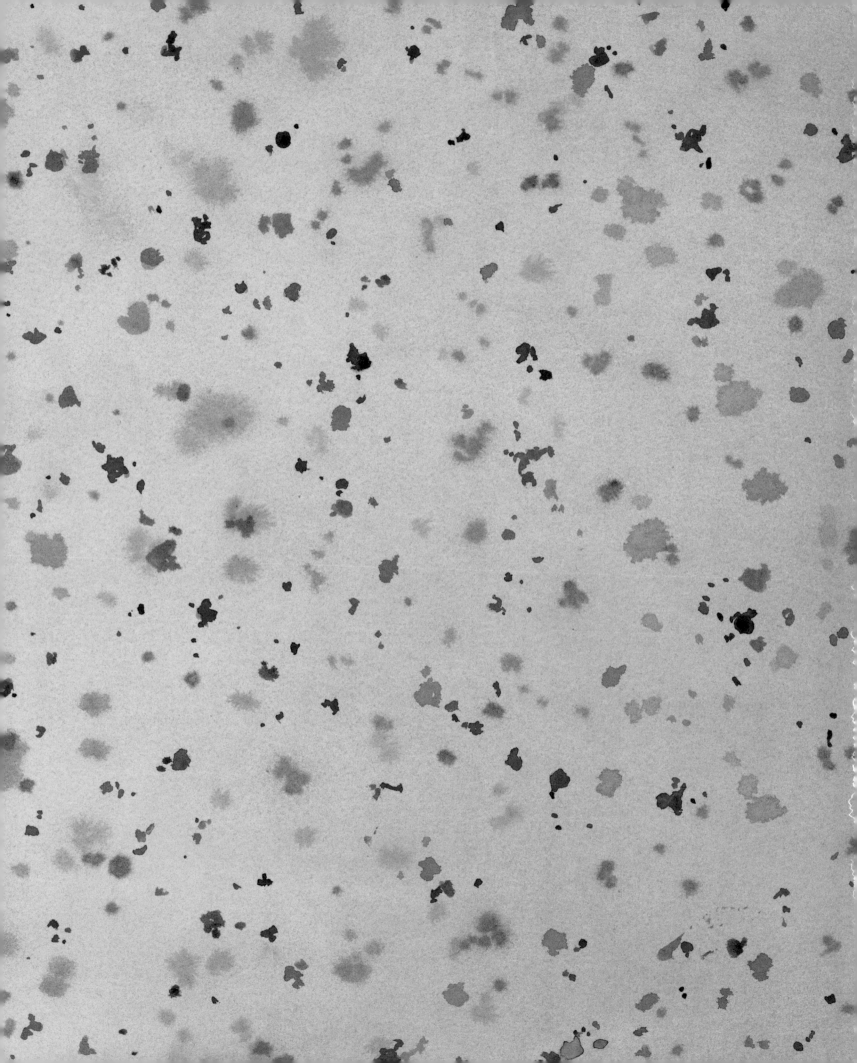